NOTICE BIOGRAPHIQUE

SUR

M. J. DUCHESNE,

CONSERVATEUR DU DÉPARTEMENT DES ESTAMPES A LA BIBLIOTHÈQUE
IMPÉRIALE,

PAR M. J. DESNOYERS [1].

« Après vous avoir exposé, Messieurs, l'état des travaux de la Société en voie d'exécution ou en projets, ainsi que les progrès qui se sont opérés depuis votre précédente assemblée générale, il me reste à remplir un devoir plus pénible, que le Conseil administratif m'a fait l'honneur de me confier. L'an dernier, à la même époque, dans ce lieu même, une voix plus éloquente vous retraçait les souvenirs de la carrière littéraire de M. Guérard, que la Société venait de perdre, et qu'elle regrettera longtemps comme l'un de ses fondateurs, de ses membres les plus éminents et de ses conseillers les plus utiles [2].

Aujourd'hui nous avons une nouvelle perte à déplorer, perte aussi sensible peut-être, quoique à un point de vue différent. Si M. J. Duchesne, qui nous manque dans cette réunion, où nous étions habitués depuis près de vingt ans à le voir si constamment assidu, si activement préoccupé des progrès de notre institution, n'a point participé avec la même autorité que M. Guérard à la direction littéraire de nos travaux, il n'a peut-être pas rendu à la Société de moins grands services, non-seulement par l'exactitude de sa longue gestion financière, mais encore par des vues pratiques dont le mérite ne saurait être méconnu. En retraçant ici les principaux traits d'une longue carrière, dont les vingt dernières années ont été si pleines de pensées et d'actes utiles aux intérêts de cette Société, je crois payer, en notre nom à tous, une dette de

----

1. Cette notice est extraite du Bulletin de la Société de l'Histoire de France, n° de mai 1855; elle fait partie du rapport annuel, lu, le 1er mai dernier, à l'assemblée générale, par M. J. Desnoyers, secrétaire de la Société.

2. L'éloge de M. Guérard fut prononcé par M. de Barante, président de la Société, dans la séance générale du 2 mai 1854 et inséré dans le Bulletin de ce mois.

reconnaissance à des services rendus avec tant de désintéressement, et je regrette de n'y être qu'incomplétement préparé.

M. Jean Duchesne était né à Versailles le 28 décembre 1779. Des traditions de famille semblaient indiquer pour sa carrière future deux voies pareillement honorables, les arts ou les sciences, l'architecture ou l'histoire naturelle.

Louis XIV avait créé pour son bisaïeul la charge de *Prévôt des bâtiments du Roi;* celles d'intendants, d'ordonnateurs, d'inspecteurs, n'avaient plus suffi aux nécessités d'administration et de surveillance que faisaient naître les immenses travaux commandés, et pour la plupart si rapidement achevés, par la volonté toute-puissante du grand monarque. *C'était un office important*, honorable, *qui mettait ce fonctionnaire* en rapport avec beaucoup d'artistes et le rendait leur intermédiaire auprès de la Cour.

Antoine Duchesne, fils du premier titulaire, et comme lui peintre et architecte, lui avait succédé dans les mêmes fonctions. C'était un esprit éclairé, ami des beaux-arts, et aussi des sciences naturelles; il avait rassemblé les matériaux d'une histoire de l'architecture conçue sur un plan très-vaste. Il s'était aussi beaucoup occupé des meilleurs moyens d'améliorer l'éducation par l'observation et l'étude des arts et des sciences, tradition qu'il transmit à son fils.

La correspondance du peintre Ch. Joseph Natoire, directeur de l'École des beaux-arts de Rome, depuis 1750 jusqu'en 1774, avec Ant. Duchesne, correspondance s'étendant de 1751 à 1761, qui avait été conservée par notre collègue, et qui a été publiée récemment dans *les Archives de l'art français* (a. 1852-1853), avec des notes de M. P. Mantz [1], montre toute l'importance des fonctions du Prévôt des bâtiments du Roi, et la valeur personnelle de celui qui en était alors chargé.

On voit Ant. Duchesne figurer, sous ce titre, dans l'*État de la France* pour 1749 [2], entre l'Inspecteur général des bâtiments et le Directeur des marbres. Il se maintint dans ces fonctions jusqu'en 1793, deux ans avant sa mort [3]. Cette charge, qui eut près d'un siècle de durée sous Louis XIV, sous Louis XV et sous Louis XVI ne fut remplie que par le bisaïeul et l'aïeul de M. Jean Duchesne.

---

1. Les *Archives de l'art français, Recueil de documents inédits relatifs à l'histoire des arts en France,* sous la direction de M. Ph. de Chennevières, sont éditées et publiées, depuis 1851, par M. Dumoulin, libraire. Ce recueil contient un grand nombre de documents originaux, intéressants.

2. T. I, p. 398.

3. Antoine Duchesne, né à Paris en 1708, mort en 1795. L'un des recueils de dessins manuscrits de Nic. Duchesne, le naturaliste, son fils, que possède la bibliothèque du Muséum d'histoire naturelle, porte pour armoiries un chêne, autour duquel s'enlace un lierre; on y lit: Cabinet d'Antoine Duchesne.

La Révolution, en renouvelant la face du pays, emporta cette charge, avec toute l'organisation de la Maison du Roi, et ferma cette carrière au fils[1] d'Antoine Duchesne et à son petit-fils, celui dont nous regrettons la perte, alors à peine âgé de quinze ans. Mais depuis longtemps déjà son père, Nicolas Duchesne, s'était acquis une réputation presque européenne dans une carrière différente. L'étude des sciences naturelles, et particulièrement de la botanique et de l'horticulture, le mettait à même d'inspirer à ses enfants des goûts et de leur donner des éléments d'instruction, qui, sans les nécessités du temps, auraient pu décider de l'avenir du jeune Jean Duchesne, notre ancien collègue.

Quoique bien connu et fort estimé des naturalistes, Nicolas Duchesne n'a cependant pas laissé un nom comparable à ceux des hommes éminents dont il recevait les témoignages les plus honorables d'estime, et qui l'ont fréquemment cité dans leurs ouvrages. Il était en effet en relations fréquentes avec Bernard et Ant. Laurent de Jussieu, avec Linné, Haller, Duhamel, Adanson, Malesherbes, avec Buffon lui-même. Aussi laborieux que modeste, il observait, il décrivait, il mûrissait ses observations, il les éclairait par des dessins nombreux et pleins de vérité.

La place qu'occupait son père dans la Maison du Roi, place à laquelle il fut lui-même adjoint plus tard, peu de temps avant la destruction de cette charge, lui permit de cultiver ses goûts pour la botanique. Il avait pu ainsi faire des expériences sur la naturalisation de plusieurs espèces de plantes utiles et aussi sur la physiologie végétale, branche de la botanique alors peu étudiée, avec son compatriote et son ami Richard, dans les jardins de Trianon, sur lesquels son père exerçait une inspection administrative. Ces jardins étaient, à cette même époque, le théâtre fréquent des visites et des travaux de Bernard de Jussieu, et, un peu plus tard, d'Ant. Laurent, son neveu, l'illustre auteur du *Genera plantarum*, dont N. Duchesne suivait assidûment les leçons et les herborisations. Il assistait au classement des plantes de ce jardin de Trianon, où fut appliquée pour la première fois par Bernard de Jussieu lui-même, en 1759, cette ingénieuse Méthode naturelle qui a fait la gloire de cette famille et qui fera toujours la gloire de la France.

Nicolas Duchesne était à peine âgé de dix-sept ans lorsqu'il publia, sous les auspices et avec les conseils de Bernard de Jussieu, un *Manuel de botanique* contenant les caractères et les propriétés des plantes des environs de Paris, avec des noms vulgaires plus propres à les faire mieux reconnaître (1 vol. in-12, 1764). Deux ans après, en

---

1. Antoine-Nicolas Duchesne, né à Versailles en 1747, mort à Paris en 1827.

1766, il mit au jour une *Histoire naturelle des Fraisiers*, résultat de re-cherches, d'expériences, de fécondations artificielles, aidées encore par une correspondance fort étendue. Cet ouvrage était déjà si complet, que, vieux de près d'un siècle, il est encore aujourd'hui le plus estimé. Les dessins originaux de la main de N. Duchesne, au nombre de cent environ, exécutés de 1765 à 1775, et qui devaient en faire l'ornement, ne furent publiés qu'en partie par Lamarck, dans la section de botanique de l'Encyclopédie méthodique.

Il en fut de même d'un autre recueil de dessins en couleurs, beaucoup plus important et plus considérable, qui avait pour objet de figurer, au nombre de plus de 200, toutes les variétés de la nombreuse famille des Courges alors connues, ainsi que les variétés provenant des propres expériences de l'auteur. Il n'a été aussi publié que d'imparfaites réductions de ces dessins dans le même ouvrage et une description en un volume in-12, intitulé : *Essai sur l'histoire naturelle des Courges*. Ces deux recueils de dessins manuscrits, présentés l'un et l'autre à l'Académie des sciences, celui des Fraisiers en 1768, l'autre un peu plus tard, font aujourd'hui partie des riches collections de dessins originaux que possède la bibliothèque du Muséum d'histoire naturelle. Combien de fois n'en ai-je pas admiré et vu admirer la fidélité et le mérite !

On doit aussi rappeler, à l'honneur du père de M. J. Duchesne, que c'est à deux de ses écrits, *Considérations sur la formation des jardins*, et *sur le jardinage* (1775 et 1779), publiés après un voyage d'étude en Angleterre, que Delille emprunta le fond du sujet de son poëme des Jardins et les règles de goût qu'il y a si élégamment exposées.

Unissant toujours des vues pratiques aux expériences et aux théories de l'observateur, N. Duchesne, le naturaliste, a laissé son nom attaché à plusieurs autres idées utiles dont les résultats ne lui font pas moins d'honneur. Il publia, des premiers, le plan d'un Musée industriel, tel qu'il a été réalisé plus tard au Conservatoire des arts et métiers. Il indiqua les recherches d'histoire naturelle les plus convenables à faire dans certaines localités, et en particulier dans les environs de Versailles. Le premier peut-être, il essaya de remplacer les informes petits almanachs qui, depuis des siècles, répandent dans les campagnes tant de vieilles et dangereuses erreurs, par une sorte de Calendrier ou d'Almanach horticole et agricole, dans lequel tout fût vrai et pratique, et où l'on ne trouvât que des notions utiles et exactes. Depuis 1770 jusqu'en 1781, il publia ces petits volumes à 6 sous, auxquels il donna le titre du *Jardinier prévoyant*. Ce fut le point de départ du *Bon Jardinier*, qui ne s'est point interrompu depuis, sans avoir la même popularité.

Un second sujet qui fixa aussi, dès l'année 1784, et plus vivement qu'aucun autre, l'attention de M. N. Duchesne père, avait été la rédaction d'un grand ouvrage destiné à enseigner à l'enfance en l'amusant, non moins par des dessins variés et fidèles que par des descriptions claires et concises, les éléments de l'histoire naturelle, des arts, de l'industrie, de la géographie. Il y ajoutait le conseil de promenades, destinées à l'observation des phénomènes naturels et de visites à des établissements d'industrie, suivies d'un résumé écrit des observations recueillies. C'était le développement d'un plan d'éducation dont son père avait fait avec lui-même une si profitable expérience. L'ouvrage rédigé dans ce but, et qui a eu depuis de très-nombreuses imitations, était intitulé le *Portefeuille de l'Enfance*; il ne comprenait pas moins de deux cents gravures variées, dont N. Duchesne avait composé presque tous les dessins.

C'est encore au père de notre collègue que fut due en très-grande partie la création de la Société d'Agriculture de Versailles, dont les travaux n'ont point été interrompus depuis plus de cinquante ans et que N. Duchesne enrichit de nombreuses observations, après en avoir été secrétaire pendant plusieurs années. Il rédigeait en même temps, en partie (de 1802 à 1822), l'Annuaire du département de Seine-et-Oise, et publiait un Guide ou *Cicerone de Versailles* qui, depuis 1805, a eu de nombreuses éditions.

Quand la Révolution éclata, N. Duchesne ne tarda pas à trouver dans les sciences naturelles un abri contre la tempête; il fut nommé professeur d'histoire naturelle à l'École centrale de Versailles, puis au Prytanée de Saint-Cyr, et plus tard censeur au Lycée de la même ville.

C'est avec le souvenir de ces traditions et sous ces influences que M. J. Duchesne fils se trouvait au moment de choisir une carrière, vers la fin de 1794 ou en 1795, alors que son père, ayant perdu à la fois la survivance de la charge de Prévôt des bâtiments du Roi, et la possibilité de continuer à Trianon ses études favorites, avait été, par suite du remboursement de sommes assez fortes en assignats, et par la perte du patrimoine paternel, momentanément obligé de quitter Versailles pour trouver à Paris des ressources nécessaires à l'éducation de cinq enfants. Il ne s'agissait plus d'obtenir par d'ingénieux essais des variétés nouvelles de Fraisiers ou de Courges, c'était aux nécessités de chaque jour qu'il fallait pourvoir par le travail. Fourcroy, alors tout-puissant et qui avait reconnu le mérite de plusieurs des écrits de Nicolas Duchesne, surtout de son plan d'éducation pratique, auquel il avait lui-même décerné un prix, lui fit obtenir la chaire de professeur d'histoire naturelle à l'École centrale de Versailles.

Quant au fils aîné de la famille, après avoir cherché pendant près d'une année, dans les cours du Lycée des arts, un complément à l'éducation particulière qu'il avait puisée jusqu'alors dans la maison et dans l'expérience paternelles, mais dont les troubles de la Révolution avaient interrompu les développements, après avoir essayé quelques études préparatoires pour l'École polytechnique qui venait d'être organisée, il dut à un ancien ami de son aïeul et de son père un petit emploi, d'abord fort modeste, qui fixa sa carrière future et décida de toute sa vie.

Il ne trouvait pas dans l'étude de l'histoire naturelle spéculative une perspective d'avenir, et surtout une ressource dans les nécessités présentes. Si, quelques années plus tard, vers 1799, il témoigna le désir de faire partie de l'expédition du capitaine Baudin aux terres Australes, expédition dont les résultats furent si profitables aux collections du Muséum d'histoire naturelle, c'était une sorte d'écho des souvenirs encore récents de son enfance; mais sa famille elle-même s'opposa à ce voyage.

Par une étrange coïncidence, les premières vues de la carrière du savant confrère que la Société a perdu l'an dernier, furent signalées, près de vingt ans plus tard, par une semblable intention. M. Guérard, qui avait eu, comme M. J. Duchesne, la pensée de se destiner à l'École polytechnique, voulait aussi, vers 1818, être élève du Muséum d'histoire naturelle, en vue d'entreprendre quelque voyage lointain d'explorations scientifiques. Ainsi qu'il en arriva pour M. J. Duchesne, ce projet n'eut pas de suites, et tous deux devaient un jour, suivant une route différente, se trouver réunis, pour représenter au même titre dans l'administration de la Bibliothèque impériale, deux branches des connaissances encyclopédiques, dont on y conserve les trésors.

Les premiers pas dans la nouvelle carrière qui fixa la destinée de M. J. Duchesne furent aidés par l'un des principaux administrateurs de la Bibliothèque du Roi, Hugues-Adrien Joly, qui pendant près de quarante ans (de 1752 à 1792) y exerça les fonctions de *Garde des Planches gravées et Estampes*, au grand profit des jeunes artistes dont il aimait à reconnaître le mérite, à encourager les efforts naissants, et dont il était le guide et l'appui. La place du grand-père de M. J. Duchesne dans l'administration des bâtiments de la couronne avait établi entre eux de fréquentes relations.

M. Joly fils avait été adjoint à son père peu de temps avant la Révolution. Après avoir perdu leurs places en 1792, ils ne tardèrent pas à être rappelés l'un et l'autre; mais le fils seul reprit en 1795 des fonctions que les infirmités du père lui rendaient impossibles [1]. Ce fut sous leur double patronage que M. Jean Duchesne fut admis, en 1795, à l'âge de quinze ans et demi, comme dernier employé dans le Cabinet des Estampes, où il devait, à son tour, vivre plus d'un demi-siècle, se créer comme une patrie nouvelle et occuper successivement tous les degrés

---

1. Hugues-Adrien Joly, né à Paris en 1718, mort en l'an VIII. — Jacques-Adrien, son fils, né en 1755, mort en 1829.

hiérarchiques depuis le plus modeste jusqu'à celui de Conservateur en chef, qu'il remplissait encore, il y a peu de semaines, quand nous l'avons perdu.

Ici, Messieurs, j'aborde la partie la plus difficile du devoir dont le Conseil de la Société m'a confié l'accomplissement. Étranger par mes études habituelles à l'appréciation si délicate des parties technique et artistique des riches collections au milieu desquelles M. J. Duchesne a passé sa vie, et qui ont été le sujet de ses études de tous les jours et de ses principaux écrits, je dois me borner à une analyse nécessairement très-superficielle, mais qui sera du moins impartiale. Étranger à l'administration dont M. J. Duchesne faisait partie, je n'ai ni le droit ni la pensée, en présence de plusieurs de ses honorables collègues, d'apprécier les travaux et les services éminents qu'ils ont été bien mieux à portée que moi de juger à leur véritable valeur. Je ne pourrai parler que du dévouement éclairé et de la bienveillance extrême dont eurent toujours à se louer les artistes et tous ceux qui fréquentaient le département des Estampes [1].

L'origine du Cabinet des Estampes remonte à Colbert, comme celle de tant d'autres établissements utiles aux arts, aux sciences et à l'industrie. En 1667, ce grand ministre avait fait acheter par Louis XIV, si disposé à adopter toutes les mesures propres à contribuer à l'illustration du pays, une collection de 125 000 estampes, qu'avait formée l'abbé de Marolles pendant de longues années de recherches et de sacrifices.

Ce premier fonds s'était enrichi successivement, pendant le xviiie siècle, de plusieurs autres collections non moins remarquables, soit par leur spécialité, soit par leur nombre. On cite parmi les plus importantes, celles de Gaignières en 1711, de l'abbé Clément en 1712, du marquis de Beringhen en 1731, du maréchal d'Uxelles, achetée déjà par le fermier général Lallemant de Betz, en 1753, de Fevret de Fontette en 1770, de Begon en 1776, de Mariette vers la même époque. L'ensemble de ces collections, dont plusieurs, surtout celles de Gaignières et de Fontette, ne sont pas moins utiles à l'étude de l'histoire, de la topographie, des antiquités nationales qu'à l'histoire des arts, et quelques autres, moins considérables, avaient quadruplé celle de l'abbé de Marolles. On y avait aussi ajouté les cuivres ou planches gravées de plusieurs grands recueils d'estampes exécutés sous Louis XIV et sous

---

1. La 4ᵉ édition de l'ouvrage de M. J. Duchesne sur les Estampes exposées à la Bibliothèque impériale, ouvrage dont il avait commencé lui-même l'impression, et que sa famille doit publier prochainement, contiendra une notice biographique rédigée par l'un de ses savants collègues, M. P. Pâris. Les longs services rendus par M. J. Duchesne à la Bibliothèque y sont dignement appréciés.

Louis XV. Ce ne fut qu'à partir de 1730 que ces riches collections formèrent dans la Bibliothèque du Roi un département distinct, confié à un Conservateur, ou, suivant l'expression alors consacrée, à un Garde particulier.

En 1795, lorsque M. J. Duchesne entra à la Bibliothèque sous M. Joly fils, la collection se composait d'environ 3000 volumes ou portefeuilles, comprenant près de 400 000 estampes. Un dénombrement fait en 1840 présente un chiffre de plus de 900 000 pièces ; ce nombre dépassait en 1847, 13 000 000, classées dans près de 10 700 volumes ou portefeuilles; l'acquisition de la collection de portraits de M. de Bure, en 1854, est encore venue l'enrichir de près de 60 000.

C'est dans l'étude, la distribution, l'enregistrement de cet immense assemblage de tous les efforts de la pensée et du génie, exprimés par le dessin, c'est dans ce musée, le plus riche du monde entier, que s'est entièrement passée la vie de M. J. Duchesne.

Quoiqu'il n'ait été que depuis 1839 Conservateur en chef de cette partie de la Bibliothèque, sa participation directe et presque immédiate aux travaux de classement, sous les deux respectables Conservateurs, M. Joly d'abord, et depuis 1829 M. Thévenin, auxquels il fut subordonné jusqu'à cette époque, comme premier employé, puis comme Conservateur-adjoint, en 1832, n'en est pas moins connue de tous ses collègues et des nombreux artistes qui ont eu recours à ses lumières et à son obligeance. Elle était tacitement acceptée des Conservateurs eux-mêmes, heureux de trouver dans l'activité, le zèle et les habitudes de M. J. Duchesne une aide aussi précieuse pour eux qu'utile au public.

Ses efforts se sont surtout manifestés par la disposition méthodique des collections; il la compléta, en portant au double les divisions principales que M. Joly père avait établies en 1783, d'après le plan suivant lequel avait été rangé, dès 1771, le riche Cabinet de Dresde par M. de Heinecken, plan que celui-ci a exposé dans son *Idée générale d'une collection complète d'Estampes.*

Ces divisions, qui étaient d'abord au nombre de 12, furent portées à 24 par M. J. Duchesne, et subdivisées elles-mêmes en 122 classes. Les divisions principales étaient et sont encore aujourd'hui :

A. *Galeries, Cabinets, Collections.* — *Singularités de l'art.*

G. *Antiquités.*

B. *Écoles d'Italie et du Midi.*

H. *Architecture.*

C. *Écoles Germaniques.*

I. *Sciences physico-mathématiques.*

D. *Écoles Françaises.*

J. *Histoire naturelle.*

E. *Graveurs.*

K. *Arts académiques.*

F. *Sculpture.*

L. *Arts et métiers.*

M. *Encyclopédies.*

N. *Portraits.*
O. *Costumes.*
P. *Prolégomènes historiques.*
Q. *Histoire.*
R. *Hiérologie.*
S. *Mythologie.*

T. *Fictions, Théâtre, Allégories, Caricatures.*
U. *Voyages.*
V. *Topographie.*
Y. *Bibliographie.*

La *Géographie*, qui était classée sous la lettre X, a formé depuis, grâce à la persévérance, à la science et au dévouement infatigable de M. Jomard, un département spécial, qui s'accroît et s'enrichit chaque jour et qui occupe l'ancien local du département des Estampes, transportées depuis moins d'un an dans une galerie du palais Mazarin, nouvellement restaurée.

Il serait injuste de ne point rappeler les secours utiles que M. J. Duchesne a trouvés pour les classements et la rédaction des catalogues et inventaires, dans la participation modeste de M. Duchesne-Tauzin, son frère, attaché comme employé au même département depuis 1807, et qui, depuis 1839, y remplit les fonctions de Conservateur-adjoint.

La date de la première base de cet arrangement méthodique peut en faire trouver surannées quelques-unes des divisions. Mais ne serait-ce pas une opération bien délicate que le changement de classification de plus d'un million de dessins, qu'il est aujourd'hui si facile de consulter, à l'aide d'une méthode sanctionnée par un demi-siècle d'usage ?

Une innovation fort utile, qui paraît entièrement due à l'initiative de M. J. Duchesne autorisé par le Conservateur en chef, M. Joly, fut celle de l'exposition d'un choix des gravures les plus précieuses pour l'histoire de l'art et des plus célèbres par leur rareté ou leur perfection. Commencée en 1807, cette exposition permanente se composait d'abord de 40 estampes seulement, puis de 160 en 1817, de 200 environ en 1823, de 365 en 1837, et enfin aujourd'hui de plus de 400.

C'est de cette collection que M. J. Duchesne a publié le catalogue méthodique sous le titre de *Notice des Estampes exposées à la Bibliothèque du Roi, formant un aperçu historique des produits de la Gravure.* Trois éditions de cet utile et intéressant ouvrage ont paru en 1819, en 1823, en 1837 et en 1841 [1]. Une nouvelle édition, à laquelle M. Duchesne travaillait encore dans les derniers mois de sa vie, doit être publiée prochainement par les soins de sa famille.

Cet ouvrage peut servir de base à l'histoire de la Gravure, depuis son origine jusqu'à nos jours. Les gravures y sont décrites suivant l'ordre

---

1. L'édition de 1837 paraît n'être qu'une reproduction de la précédente, et celle de 1841 est indiquée comme 3ᵉ édition.

chronologique, depuis la célèbre gravure sur bois, datée de 1423, et représentant saint Christophe portant l'Enfant Jésus sur ses épaules, jusqu'aux œuvres les plus renommées des graveurs modernes.

Plusieurs missions confiées à M. J. Duchesne ont eu pour résultat d'augmenter les richesses de la collection et de lui fournir, par une étude comparative, les moyens d'en perfectionner le classement, ou d'accroître ses connaissances et l'expérience qui en rendaient l'usage plus profitable au public.

Peu de mois après son entrée à la Bibliothèque, il fut chargé par son protecteur, M. Joly, si ce n'est de faire dans les palais royaux de Versailles et de Trianon, le premier choix, du moins de présider à l'exécution du triage qui attribua, en 1796, au Cabinet des Estampes une partie des pièces les plus précieuses des collections particulières du roi.

En 1812, il fut envoyé en Hollande pour faire dans la collection royale de la Haye, un choix des pièces principales qui manquaient au Cabinet des Estampes. Mais, en 1815, tout fut restitué à la Hollande, ainsi que cela eut lieu pour la plus grande partie des précieux objets d'art, de science et de littérature transportés de tant de points de l'Europe dans la capitale de l'Empire français.

En 1824, M. J. Duchesne, chargé d'une nouvelle mission par le ministre de l'intérieur, visita les collections les plus célèbres d'Estampes formées en Angleterre, et en 1834 les musées d'Allemagne et de Hollande. Il publia, à son retour la même année, sous le titre de *Voyage d'un iconophile*, les résultats de ces différentes explorations. Dès 1824, il avait inséré dans le *Moniteur* du 5 juin un compte rendu de sa première mission. On trouve dans le volume publié par M. J. Duchesne en 1834 des indications et des comparaisons précieuses entre les principales richesses des musées étrangers et celles du Cabinet français.

C'est dans la préface de cet ouvrage (p. vi) qu'on lit le passage suivant, où M. J. Duchesne parle de ses longues études avec autant de réserve que de modestie, quoiqu'il eût des opinions en général très-arrêtées, particulièrement sur les questions d'art qui faisaient le sujet de ses travaux de chaque jour. « Si, dit-il, de nombreuses recherches m'ont mis dans le cas de découvrir des objets ignorés jusqu'alors, elles m'ont aussi convaincu que Mariette, Heinecken et Bartsch sont les seuls professeurs que nous ayons dans cette matière. La juste réputation dont ils jouissent, la haute estime que je leur porte, me font voir en même temps à quelle distance je me trouve de chacun d'eux. »

Il n'était pas possible cependant que M. J. Duchesne passât sa vie au milieu des œuvres les plus précieuses des graveurs de tous les pays et de tous les temps, sans qu'il conçût la pensée de rechercher les origines de cet art et d'en retracer les vicissitudes, plus complétement encore qu'il ne l'avait fait dans sa *Notice* sommaire des Estampes exposées. Aussi, dans plusieurs de ses écrits, en a-t-il indiqué le projet assez nettement arrêté.

C'est sans nul doute dans cette intention qu'il entreprit trois travaux, fort différents en apparence, mais qui tous trois tendent vers le même but, l'histoire des origines de la Gravure. Ces trois sujets de recherches furent : 1° l'*Essai sur les Nielles*, 2° l'histoire de l'origine des *Cartes à jouer*, 3° le catalogue raisonné de l'OEuvre d'un graveur allemand anonyme, fort connu des amateurs sous le nom de *Maître de 1466*.

Dans le premier de ces ouvrages, le seul qui ait été complétement publié, qui le fut dès 1826 et pour lequel l'auteur a recueilli depuis de nombreuses observations supplémentaires, M. J. Duchesne a traité à fond une des questions les plus neuves, les plus curieuses et les plus importantes des origines de la Gravure en creux sur métaux. On sait que sous le nom de *Nielles*, créé par M. J. Duchesne pour représenter le terme de *Nigellum* des textes du moyen âge, et celui de *Niello*, *Nielli* des Italiens, on désigne des plaques de métal, le plus ordinairement d'argent, et de petite dimension, ayant servi en général d'ornements du culte religieux ou de la vie privée, sur lesquelles des dessins tracés en creux ont été remplis par une composition métallique aussi, mais de couleur noire et qui forme par le contraste une sorte d'émail connu sous le nom d'émail de Niellure. On désigne sous le même nom les estampes imprimées, comme épreuves, sur ces mêmes planches, gravées pour recevoir le *Nigellum*, avant que cette composition en eût rempli les creux. Ce sont ces deux sortes de Nielles, mais principalement la dernière, c'est-à-dire ces estampes antiques, premiers essais de l'art de tirer des épreuves d'une planche gravée, que M. J. Duchesne a surtout eu pour but de décrire dans son livre.

Le procédé de l'émail de Niellure a traversé le moyen âge, pendant lequel il fut très-pratiqué, et paraît remonter au moins jusqu'à l'époque romaine. Mais ce n'est qu'au milieu du xv siècle que l'on peut reporter avec certitude la reproduction par empreinte sur papier ou sur soufre de ces ciselures sur métal, dont les dessins sont, généralement, de la plus élégante et de la plus délicate exécution. La plus ancienne de ces épreuves connue, avec date certaine, représente une Assomption de la Vierge ; elle est la reproduction d'une Paix en argent, gravée en 1452 par un orfévre sculpteur, de Florence, nommé Maso, ou Thomaso Finiguerra, qui doit surtout à cette circonstance une grande célébrité dans l'histoire de la Gravure, et qui est considéré comme l'inventeur de l'art d'imprimer des estampes d'après la gravure en creux sur métal. Cette première épreuve est conservée au Cabinet des Estampes de la Bibliothèque impériale. Signalée pour la première fois par l'abbé Zani, elle a servi de point de départ à M. J. Duchesne pour rassembler toutes les indications que ses voyages et ses études lui ont fait connaître. Dans son *Essai sur les Nielles, gravures des orfévres florentins du xve siècle* (Paris, 1826, 1 vol. in-8°), M. J. Duchesne a réuni ainsi les noms de dix maîtres ou orfévres-nielleurs, tous Italiens. Il a décrit environ 450 de ces plaques et de ces épreuves, dont on connaissait alors 165 plaques originales en argent; 7 seulement dont on connaissait à la fois les épreuves et les plaques, et le plus grand nombre dont il n'existait que des épreuves, soit en soufre soit sur papier. La Bibliothèque impériale, pour sa part, possède une centaine de celles-ci.

Cette partie des recherches de M. J. Duchesne a obtenu l'approbation générale des artistes; c'est l'ouvrage le plus important qu'il ait laissé. Quelques objections ont été faites, il est vrai, dans ces derniers temps, surtout par M. le comte L. de Laborde, contre l'opinion qui bornerait exclusivement à ces plaques métalliques, dessinées pour la Niellure, l'origine de la Gravure en creux sur métal. Mais on n'en reconnaît pas moins le mérite du travail de M. J. Duchesne, même à côté d'autres ouvrages spéciaux sur le même sujet, tels que celui de M. le comte Cicognara, publié à Venise peu de temps après.

La seconde série de recherches tendant à éclairer l'origine de la Gravure, sur lesquelles M. J. Duchesne a aussi porté son attention, est la question des *Cartes à jouer*. Quelque futile qu'elle semble en apparence, elle se lie très-intimement aux considérations les plus générales de l'histoire de cet art. C'est, en effet, à la première moitié du xve siècle que, jusqu'ici, paraissent se rapporter, non l'origine même des Cartes, qui est très-probablement plus ancienne, et qui n'est point encore bien précisément reconnue, malgré les savantes recherches de Bullet, de l'abbé Rive, de Bartsch, de Singer, de M. Peignot, de M. Leber, de M. P. Lacroix, de M. J. Duchesne lui-même et de plusieurs autres, mais la gravure et l'impression, avec date certaine (1425), des plus anciennes Cartes à jouer.

M. J. Duchesne a publié deux mémoires sur ce sujet, l'un en 1837, dans le premier volume de l'*Annuaire historique de la Société de l'Histoire de France* (p. 172 à 213), l'autre en 1844, dans la collection de la *Société des Bibliophiles français*. Ce magnifique volume in-folio, accompagné de 100 planches coloriées, contient la représentation de tous les principaux types de Cartes à jouer, conservés au Cabinet des Estampes de la Bibliothèque impériale, depuis le jeu peint en manuscrit par Jacques Gringonneur, de 1390 à 1393, pour l'amusement du roi Charles VI, jusqu'aux Cartes imprimées en 1793 avec des costumes et des noms républicains.

Le texte explicatif donné par M. J. Duchesne ne fut imprimé que par extraits, et son nom ne figure que dans la préface de cet ouvrage [1].

Un troisième objet, se rattachant toujours, dans l'esprit de M. J. Duchesne, à une histoire générale des origines de la Gravure, était un choix d'études sur les œuvres des plus anciens graveurs connus. Il en est un surtout qui l'avait beaucoup occupé, celui que les artistes et les amateurs désignent sous le nom de *Maître de 1466*, et qui s'est distingué autant par la bizarrerie que par la perfection et la finesse de ses dessins.

Dès 1837, à la fin de l'avertissement de la troisième édition de sa *Notice des Estampes exposées à la Bibliothèque du Roi*, M. J. Duchesne annonçait qu'il ne tarderait pas à donner le catalogue raisonné de toutes les estampes du Maître de 1466, avec la description complète de son Alphabet grotesque. Cet ouvrage était alors commencé depuis longtemps, et la publication n'en avait été retardée que par l'espoir de le rendre plus complet et plus intéressant. « Nos longues recherches, disait-il, nous ayant permis d'atteindre le but vers lequel nous tendions, nous publierons notre travail sous peu de mois. » M. J. Duchesne a, en effet, laissé un texte manuscrit fort étendu, dont il devait commencer l'impression dans le courant de l'année dernière.

Ces trois séries de recherches, l'histoire des Nielles, ou de la Gravure sur métaux ; l'histoire des Cartes à jouer, ou de quelques-uns des plus anciens produits de la Gravure sur bois, et la description des OEuvres de plusieurs des plus célèbres graveurs du xvᵉ siècle, paraissent donc, je le répète, s'être rattachées dans l'esprit de M. J. Duchesne à un plan général d'études sur l'histoire de la Gravure. C'était dans ce but qu'il avait aussi préparé le catalogue de l'œuvre de Rembrandt, qui est resté pareillement inédit et qui devait compléter l'ouvrage de Bartsch.

Un travail non moins considérable, mais qui s'écartait davantage de ce plan, ne manque pas d'importance et de nouveauté ; c'était une histoire des Châsses et Reliquaires. M. J. Duchesne avait rassemblé un grand nombre de dessins, avait rédigé beaucoup de descriptions et recueilli de nombreux documents sur l'origine, les formes variées et les spécimens les plus connus des châsses ou reliquaires, conservés dans les trésors des églises et dans les musées. En décembre 1837, M. J. Duchesne lut à une des séances de la Société de l'Histoire de France la description d'une gravure contemporaine de la procession de la châsse de Sainte-Geneviève à Paris, en 1725. Cette estampe, que pos-

---

1. Ce volume est intitulé : *Jeux de Cartes Tarots et de Cartes numérales du* xivᵉ *au* xviiiᵉ *siècle, représentés en cent planches, d'après les originaux, avec un précis historique et explicatif, publiés par la Société des Bibliophiles français.* Paris, 1844, in-fol.

sède la Bibliothèque impériale, paraît avoir été l'un des points de départ des recherches de M. J. Duchesne sur ce sujet.

Outre ces recherches, dans lesquelles on peut reconnaître à bon droit des vues plus originales et plus vraiment propres à M. J. Duchesne, il est aussi nécessaire de mentionner plusieurs grandes publications qu'il a dirigées, ou auxquelles il a pris une certaine part. La plus importante est le *Musée de peinture et de sculpture*, recueil des principaux tableaux, statues et bas-reliefs des collections publiques et particulières de l'Europe, dessiné et gravé à l'eau-forte par M. Reveil. M. J. Duchesne a donné dans cet ouvrage, publié de 1828 à 1834, en 16 volumes petit in-8°, le texte explicatif, souvent assez détaillé, d'environ 900 gravures. Il y a joint d'excellentes tables, par maîtres, par écoles, par ordre chronologique, par pays, villes et collections. Tous les musées de l'Europe furent mis à contribution pour ce recueil, qui, par la perfection générale des dessins au trait, peut remplacer plusieurs autres ouvrages moins complets, quoique plus volumineux.

M. J. Duchesne a aussi participé à la rédaction du texte de deux autres grands recueils de ce genre; une nouvelle édition du *Musée français* de Robillard-Peronville, publiée de 1829 à 1831, en 4 volumes in-folio. Mais la part de M. J. Duchesne dans cette publication n'est pas très-certaine; elle n'est surtout pas comparable à celle qu'il a prise à l'ouvrage précédent. Le texte original de MM. Croze-Magnan, Visconti et Emeric David, qui accompagnait la première édition, publiée de 1803 à 1811, fut plutôt abrégé que remplacé par M. J. Duchesne.

M. J. Duchesne a pareillement rédigé le texte d'un recueil intitulé : *Muséum*, ou *Collection de tableaux de toutes les écoles*. 1 vol. in-4°.

Il a aussi donné ses soins et joint un texte explicatif à un recueil de gravures des tableaux, statues et bas-reliefs, désignés pour le concours décennal, en 1810. Cet ouvrage, composé de 30 planches in-folio, est intitulé : *Chefs-d'œuvre de l'École française sous l'Empire de Napoléon*.

Un recueil de vues lithographiées, intitulé : *Paris ancien et moderne*, est aussi accompagné d'un texte explicatif attribué à M. J. Duchesne.

M. J. Duchesne fut un des éditeurs et des collaborateurs les plus actifs, avec MM. Bérard, Trémisot et H. de Châteaugiron, de *l'Isographie des hommes célèbres*, qui parut chez Al. Mesnier, de 1828 à 1830, en 2 vol. in-4°. Cette collection de *fac-simile* de lettres autographes et de signatures, qui en contient environ 650, est considérée comme le meilleur recueil qui ait été publié en ce genre, et comme le plus remarquable par le choix, l'authenticité, et souvent par l'intérêt qu'offre la lecture d'un grand nombre de ces lettres. On y trouve, en effet, représentés les noms les plus illustres dans chaque spécialité. Chaque lettre n'est accompagnée que d'un sommaire très-bref, placé en tête, et indiquant le nom, le lieu et la date de la naissance, le lieu et la date de la mort du personnage. On y fait toujours connaître les collections où chaque pièce était conservée. Les auteurs de cet ouvrage ont mis à contribution non-seulement la Bibliothèque impériale, les Archives de l'Empire, les Bibliothèques publiques de Prague, de Dresde, de Berlin, de Vienne, et plusieurs bibliothèques de villes de France, Strasbourg, Montpellier, etc., mais encore les plus riches collections particulières de ces sortes de curiosités littéraires et biographiques, dont le goût a pris depuis lors un si grand et parfois un si dangereux développement. On y remarque surtout les collections des éditeurs eux-mêmes, MM. de Châteaugiron, Bérard, Trémisot et J. Duchesne ; celles de MM. Villenave, Berthevin, Lucas de Montigny, de Monmerqué, Feuillet de Conches, Morel de Vindé, Hennin, Marron, de la marquise de Dolomieu, etc., collections remarquables alors, chacune par quelque spécialité importante, et depuis vendues et dispersées pour la plupart.

On trouve dans plusieurs journaux, recueils périodiques et dictionnaires enyclopédiques, de nombreux articles de M. J. Duchesne. Les plus anciens, ceux qui marquent ses premiers pas dans la carrière de l'étude des arts, ont paru de 1802 à 1807 dans les *Annales* de l'Athénée des arts, et dans le *Magasin encyclopédique*. On y remarque des *Notices biographiques* sur le célèbre architecte *J. Hardouin Mansard* (*Mag. encycl.*, 1805); sur le grand sculpteur, le grand peintre et le grand architecte *Pierre Puget*, mémoire qui avait concouru en 1807 pour un prix proposé par l'Académie de Marseille (*Mag. encycl.*, juin 1807); des observations sur une École des beaux-arts que les frères Piranesi tentèrent de fonder à Paris en 1802, avec l'appui du gouvernement, projet contre lequel M. J. Duchesne, quoique fort jeune encore, s'éleva avec une patriotique énergie. Il composa aussi en 1805 un article sur *la fonte de la statue de Jeanne d'Arc*, par Goys, et en 1824, une *description de la coupole de Sainte-Geneviève*, peinte par Gros.

De 1825 à 1828, M. J. Duchesne rédigea plusieurs catalogues d'Estampes, entre autres ceux des Cabinets de M. Desenne, du comte Miot, du baron Denon, de l'architecte Lemoyne, de M. Louis Laffitte, etc.

Le *Dictionnaire de la Conversation* (1832-1839), contient une centaine d'articles rédigés par M. J. Duchesne sur différentes questions se rattachant à l'histoire et à la pratique de plusieurs des arts du dessin et particulièrement de la Peinture et de la Gravure. Quelques-uns de ces articles sont de véritables monographies; on y remarque ceux composés sur les mots *Bronze, Colonnes, Costume, Coupole, Études de peinture, Émail, Estampe, Gravure, Statues*, et plusieurs biographies d'artistes.

On lit dans l'*Encyclopédie moderne* de Courtin (1828), un article de M. J. Duchesne sur les différents procédés de la Gravure sur métaux et sur bois. Cet article a été reproduit avec quelques changements dans le t. XVI de la nouvelle édition de ce dictionnaire, en 1842. M. J. Duchesne en inséra un autre, en 1851, sur l'histoire de la Gravure dans le t. V du recueil de M. P. Lacroix, intitulé *le Moyen âge et la Renaissance*.

En 1847, M. J. Duchesne publia des *Observations sur les catalogues de la collection des Estampes*. Cette notice, rédigée à l'occasion d'un rapport de M. le directeur général au ministre de l'instruction publique sur l'ensemble des travaux d'enregistrement des richesses des différents départements de la Bibliothèque, présente le plan d'un catalogue général des Estampes et indique la part prise par M. J. Duchesne au classement du Cabinet confié à ses soins.

L'un des plus récents travaux publiés par M. J. Duchesne est une notice sur la *Valeur des hachures dans l'art héraldique*, insérée en 1854 dans le t. X de la *Revue archéologique* de M. Leleux. Le dernier écrit qu'il ait composé eut pour objet l'installation de la collection des Estampes dans la galerie qu'elle occupe depuis quelques mois à peine. Ce travail est intitulé : *Recherches sur une ancienne galerie du palais Mazarin où se trouve maintenant le dépôt des Estampes de la Bibliothèque impériale*; il fait partie de la 4ᵉ édition de la *Notice* ou *Description des Estampes*, actuellement sous presse. M. J. Duchesne voulut, quoique sa santé fût déjà fort altérée, présider lui-même à la disposition du local et à l'installation du Cabinet dont il voyait avec tant de bonheur l'agrandissement.

C'est à M. J. Duchesne que la Société de l'Histoire de France est surtout redevable de l'idée de publier un *Annuaire historique*, recueil dont la collection a obtenu un grand succès d'utilité pratique, dû surtout à la variété et au choix des articles qui le composent depuis dix-huit ans.

Il y a inséré lui-même plusieurs notices intéressantes. Outre l'article fort bien fait sur l'origine des Cartes à jouer, publié en 1837, on y trouve, de lui, plusieurs listes généalogiques des souverains de l'Europe, rédigées, en général, d'après l'Almanach historique de Gotha. Ce fut aussi M. J. Duchesne qui se chargea pendant plusieurs années de dresser le calendrier de l'Annuaire, dans lequel il introduisit les proverbes agricoles, et d'autres renseignements peu connus, publiés déjà en grande partie par son père dans le *Jardinier prévoyant*, de 1770 à 1781.

Les personnes qui fréquentaient le Cabinet des Estampes, et qui trouvaient dans M. J. Duchesne une assiduité si constante, une obligeance si infatigable, auraient eu peine à comprendre que le repos nécessaire après son service quotidien de la Bibliothèque lui laissât encore les loisirs suffisants aux différents travaux que je viens d'énumérer.

M. J. Duchesne avait été, dans sa jeunesse, l'un des membres les plus actifs de l'Athénée des arts; il avait contribué à fonder le Cercle ou la Société des Amis des arts , dont il faisait partie depuis 1818 ; il était membre correspondant de l'Académie des sciences, lettres et beaux-arts de Belgique.

En 1842, il prêta son concours actif, à titre de commissaire, à la Société académique du département de l'Eure dans le projet de l'érection de la statue du Poussin aux Andelys.

Une circonstance de la vie de M. J. Duchesne, sans nul doute inconnue à la plupart d'entre vous, Messieurs, et qui ne m'a été révélée que par la publication d'un de ses écrits intitulé : *Histoire de la condamnation d'un Templier en* 1832, est le récit de ses démêlés un peu vifs avec cette association, renouvelée à l'instar de la franc-maçonnerie. Complétement étranger à cette institution, ne sachant même pas si elle existe encore, ignorant les noms véritables des personnages peut-être fort connus, mais dissimulés sous les titres de Grand-Maître, de Grand-Sénéchal, de Grand-Précepteur, de Grand-Prieur, de Bail-lis, etc., j'y fais ici allusion uniquement parce qu'on voit, dans cette brochure, très-curieuse pour l'histoire, pour l'organisation et pour les divisions intestines de la Templerie moderne, un exemple du caractère indépendant de M. J. Duchesne. Celui-ci, associé à cette Société depuis 1807, s'opposa avec la plus grande énergie à la création, dans son sein, d'une sorte de religion nouvelle, sous le nom de religion Johanite, dont le Grand-Maître de l'Ordre se déclarait Souverain Pontife et Patriarche.

M. J. Duchesne, qui avait successivement occupé dans cette compagnie plusieurs dignités importantes, et qui n'y avait vu d'abord qu'une association charitable , se prononça de toutes ses forces et, dit-il dans sa défense, « avec toute la roideur de mon caractère, » contre les prétentions du chef .Il protesta qu'il professait la religion catholique, apostolique et romaine, et non un culte nouveau indépendant de l'Eglise, au risque de se voir qualifié, comme il le dit lui-même, de Grand-tracassier au lieu de Grand-Précepteur de Nord-Amérique et de Secrétaire-Magistral, titres dont il était décoré depuis plusieurs années.

Ceux des membres de la Société de l'Histoire de France qui ne connaissaient M. J. Duchesne que par leurs relations de sociétaires, en le voyant si pénétré des principes de régularité et des vues d'amélioration qu'il ne négligeait aucune occasion d'exprimer, auraient pu croire que c'était son affaire principale. Il fut en effet très-dévoué aux intérêts de la Société pendant le temps qu'ont duré ses fonctions de trésorier, qui lui furent confiées en 1837, trois ans seulement [après la fondation de la Société, et que dès lors il confondit avec celles d'archiviste auxquelles il avait été nommé l'année précédente.

Peu de jours avant sa mort, il parlait encore de projets qui lui paraissaient utiles à soumettre au Conseil pour la prospérité de notre Société.

De même que son souvenir vivra longtemps à la Bibliothèque impériale, à laquelle il a consacré soixante années de zèle et de dévouement, il demeurera aussi dans le sein de la Société de l'Histoire de France, qui a profité pendant plus de dix-huit ans d'une activité et d'un esprit d'ordre que l'affaiblissement causé par les souffrances de sa longue maladie avait pu, seul, malheureusement et forcément interrompre, pendant les derniers temps.

M. J. Duchesne est mort le 4 mars 1855, âgé de 77 ans, après avoir reçu les secours de la religion, entouré des soins affectueux de sa fille, Mme Beaumont, qui, depuis tant d'années, était l'appui et la compagne de sa vieillesse, de sa petite-fille, dont l'époux, M. Marin d'Arbel, est membre de la Société de l'Histoire de France, de ses arrière-petits-enfants dont il était fier et heureux, et d'un frère, M. Duchesne-Tauzin, Conservateur-adjoint du département des Estampes, son compagnon inséparable de travail depuis quarante années.

M. J. Duchesne était entré à la Bibliothèque le 9 thermidor an III (28 juillet 1795); il avait été deuxième employé en 1803, premier employé en 1806; Conservateur-adjoint en 1832; Conservateur en chef en 1839. Il était chevalier de la Légion d'honneur depuis 1833.

En voyant s'éteindre ainsi, chaque année, autour de nous tant de confrères estimables et d'amis, dont les noms ont figuré si longtemps sur les listes de notre Société et dont ils disparaissent pour toujours, on se demande s'il n'y aurait pas justice à conserver, sur un tableau, à part, les noms de ceux que la mort frappe ainsi successivement. Cet usage, adopté dans plusieurs sociétés scientifiques, a quelque chose de touchant et d'analogue à l'appel du nom de La Tour-d'Auvergne, après sa mort, dans le régiment français dont il avait fait la gloire pendant sa vie. »

Ch. Lahure, imprimeur du Sénat et de la Cour de Cassation
rue de Vaugirard, 9.